体にやさしいお菓子

本間節子

contents

1 まいにちのおやつ

2 ケーキいろいろ

3 ひんやりスイーツ

◎この本の決まりごと

- 大さじ1＝15㎖、小さじ1＝5㎖です。
- 卵はLサイズ（正味55〜60g）を使用しています。
- オーブンの加熱温度と加熱時間は、電気オーブンの場合の目安です。ガスオーブンの場合は、温度を10度下げて焼きます。機種によって多少の違いがあるので、様子を見ながら加減してください。
- レモンなど皮を使うものは国産のものを使用しています。皮をすりおろすときは、表面の黄色い部分だけすりおろします。

家でお菓子を作るとき、砂糖やバターの多さに驚かれる方も多いと思います。
自分で作ったお菓子を食べるときや、人にお出しするときにも、
カロリーや糖質、脂質が気になったり、
どのくらい食べようか、何等分にしようか、考えたりすることはありませんか？

ふだんそんなことを感じている私にとって
「体にやさしいお菓子」は、ずっと気になるテーマでした。
米粉、米油、大豆製品、甘酒などを程よくとり入れ、
白砂糖ではなく、精製度が低い砂糖を使って
動物性脂肪を減らしたり、グルテンを控えたりと
手持ちのレシピの配合をあれこれ工夫して
おいしいお菓子が作れないかと試作を重ねてきました。

無理なく作れて、まいにち食べたくなるお菓子、
食べたあとも罪悪感を感じずに体にすっとなじむお菓子、
そんなお菓子を作りたいと思ってレシピを考えました。

この本を手にとってくださった方が同じように感じて
体にやさしいお菓子作りを楽しんでいただけたら、とてもうれしいです。

本間節子

「体にやさしいお菓子」ってなに？

この本では、体にやさしいヘルシーな素材をとり入れた、
まいにち食べられる軽やかなお菓子を紹介しています。

◎

白砂糖ではなく、
てんさい糖（ビート糖）やきび砂糖を使っているので、
やさしい自然な甘さが楽しめます。
メープルシロップやはちみつも使います。

◎

米粉を使ったお菓子をたくさん紹介しています。
全粒粉や薄力粉を使うお菓子もあるので、
用途や好みに合わせて選んでください。

◎

米油やココナッツオイルなど植物油を使った、
軽やかなクッキーやケーキをいろいろ紹介しています。

◎

豆乳やおからなどの大豆製品、
甘酒やヨーグルトなどの発酵食品もとり入れています。

◎

バターや生クリームもときには使います。
バターはふだんより控えめ、生クリームは乳脂肪分の低いものを使用。

◎

口溶けがよくて低カロリーの冷たいお菓子も紹介しています。

※各お菓子の紹介ページに、そのお菓子の特徴を［　　　］で表しています。お菓子を選ぶときの参考にしてください。［○○スイーツ］はその素材をメインに使ったお菓子、［○○使用］はその素材を部分的に使用したお菓子です。

材料について

体にやさしいお菓子作りには、材料選びが大切です。新鮮で素材のよいものを選びましょう。

粉

薄力粉（左）…風味のよい国産薄力粉を選びます。
強力粉…レモンケーキなどに使用。手に入れば国産のものを。
全粒粉…小麦粉を丸ごと挽いた粉。小麦の風味が楽しめます。
米粉（右）…粒子が細かい製菓用のものを使います。グルテンフリーのお菓子作りに。

砂糖

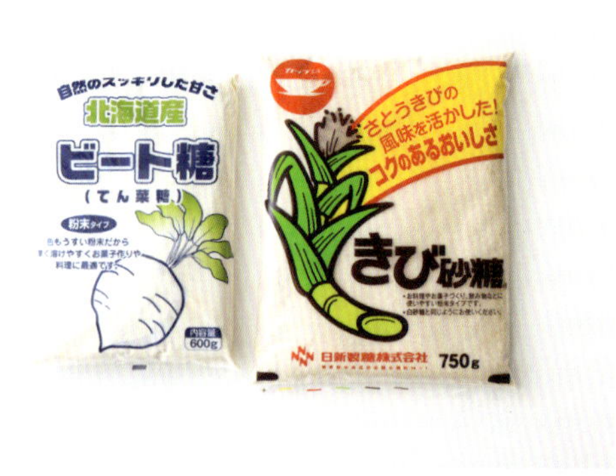

てんさい糖（ビート糖）…てんさい（ビートまたは砂糖大根）を原料とした砂糖。まろやかな甘みと、白砂糖に比べて血糖値の上昇がゆるやかなのが特徴です。お菓子作りには混ざりやすい粉末タイプを。
きび砂糖…さとうきびを原料とした薄茶色の砂糖。白砂糖やグラニュー糖に比べ、ミネラルが多く含まれ、お菓子に風味とコクをプラスしてくれます。

甘み（砂糖以外）

メープルシロップ…甘さのわりにカロリーが低く、抗酸化作用が強いポリフェノールが多く含まれています。無添加、無着色のものを選びます。
はちみつ…アカシアやみかんの花などから採取されたクセのないものがおすすめです。
甘酒（米麹タイプ）…オリゴ糖やビタミンなど栄養価が高く、自然な甘みがあるので、砂糖がわりに使えます。米麹タイプならば、お子さんも食べられます。

植物油

米油…米ぬかを原料としたクセのない油。お菓子がさっぱりと軽く仕上がります。
ココナッツオイル…酸化しにくさが特徴。香りのあるタイプと無香タイプがあるので、お好みで選びましょう。冷えて固まってしまったときは湯せんにかけて溶かします。

大豆製品

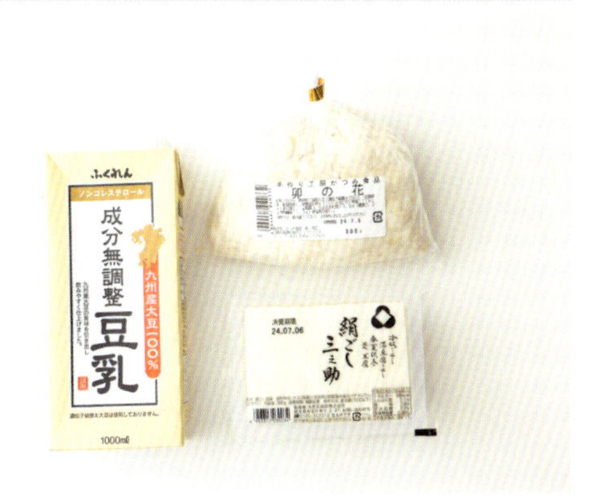

豆乳…成分無調整のものを選びます。牛乳に比べ、カロリー、糖質、脂質が低いので、お菓子が軽やかに仕上がります。
おから…生タイプを使います。賞味期限が短いので気をつけて。
豆腐…国産大豆で作った、なめらかな絹ごし豆腐がおすすめ。ドーナツに使用します。

卵・乳製品

卵…この本ではLサイズ(正味55～60g)を使用。新鮮なものを。
牛乳…加工されていないもの、新鮮なものを使います。
プレーンヨーグルト…無糖で乳脂肪分があまり高くないものを選びます。
生クリーム…この本では乳脂肪分が35～36%の低脂肪クリームを使用しています。
クリームチーズ…さっぱりと仕上がる国産のものがおすすめ。
バター(食塩不使用)…食塩の入ってないもの、賞味期限の新しいものを選びます。

チョコレート・ナッツ他

製菓用チョコレート…タブレットタイプがおすすめ。セミスイートまたはビターを使用。
ココアパウダー…砂糖やミルク粉末の入っていないものを。
アーモンドパウダー…アーモンドを粉末にしたもの。
ナッツ…上はピスタチオ、下はくるみ。ナッツは糖質が低めで食物繊維が豊富。
オートミール…オーツ麦を加工したもの。GI値が低くて糖質控えめ、食物繊維もたっぷり。
ココナッツファイン…ココナッツの果肉を細かく削ったもの。香りと食感が楽しめます。

その他

粉寒天…海藻が原料なので食物繊維が豊富で低カロリー。水に入れて煮溶かして使います。
粉ゼラチン…水にふり入れてふやかしてから使います。
塩…加えることで味が引きしまり、甘みが引き立ちます。溶けやすい粉末タイプを。
ベーキングパウダー…アルミフリー(アルミニウムの入っていないもの)がおすすめです。

1

まいにちの
おやつ

お菓子作りの好きな方には、クッキー、スコーン、ドーナツなど、粉の割合が多いお菓子が好きな方が多いのではと思います。もちろん私も、粉のお菓子は作るのも食べるのも大好き。でもおいしいからといって食べ過ぎてしまうと、（今の私には）食べたあとお腹が張ったり、眠くなってしまうことも……。
そんな粉もののおやつを体にやさしく作るなら、粉の一部をオートミール、全粒粉、豆腐やおから、ナッツ、米粉などに置きかえてみるのがおすすめです。きび砂糖やメープルシロップのやさしい甘さも手伝って、軽やかなのに味わい深いお菓子に仕上がります。しかもほとんどのお菓子がワンボウルでできるので、気負わず作れて片付けもらくちん。まいにち作って食べたくなる、体にも心にもやさしい、そんなおやつを紹介します。

グラノーラ風クッキー

オートミールスイーツ | 全粒粉使用 | 豆乳使用 | 卵不使用

オートミールなどの材料を順番に混ぜるだけ。
ザクザクとした食感が楽しく、噛みしめるとおいしいクッキー。好みでチョコをかけても。

材料（18枚分）

豆乳（成分無調整）…… 20mℓ
きび砂糖 …… 10g
塩 …… 少々
ココナッツオイル（米油でもOK）…… 30g
メープルシロップ …… 20g
全粒粉 …… 30g
オートミール …… 70g
ココナッツファイン …… 10g
ビターチョコレート（製菓用）…… 20g

準備

・天板にオーブンペーパーを敷く。
・オーブンを160度に予熱する。

作り方

1 ボウルに豆乳、きび砂糖、塩を入れ、泡立て器で混ぜる。

2 ココナッツオイルを加え（A）、よく混ぜる。

3 メープルシロップを加えて混ぜる。全粒粉をふるい入れ、ゴムべらで混ぜる。

4 オートミールとココナッツを順に加え（B）、混ぜる。

5 生地を18等分（1個約10g）にし、手でまとめて天板に間隔をあけて並べる（C）。指に米油（分量外）をつけると扱いやすい。ラップを全体にかけ、プリン型の底で押して薄くし（D）、ラップをはずして形を整える。

6 160度のオーブンで20〜25分焼く。焼き上がったら、網の上にのせて冷ます。

7 チョコレートは刻んで耐熱ボウルに入れ、ラップをふんわりとかけて300Wの電子レンジで2分加熱する。ゴムべらでなめらかになるまで混ぜて溶かし、クッキーの半量をチョコレートにつけ（E）、オーブンペーパーの上にのせて乾かす。

薄焼きシナモンクッキー

米粉使用　卵不使用

生地をいつもより薄く伸ばして大きめの型で抜いた、サクサク食感のクッキー。
「大きいけれど薄い」というのがポイントで、数枚で満足感が味わえます。

材料（直径6cmを12枚分）

生クリーム（乳脂肪分35～36%のもの）……20mℓ
てんさい糖（ビート糖）……20g
塩……少々
米油……20g
薄力粉……60g
米粉……20g
シナモンパウダー……小さじ1/2

準備

・天板にオーブンペーパーを敷く。
・オーブンを170度に予熱する。

作り方

1 ボウルに生クリーム、てんさい糖、塩を入れ（A）、泡立て器で混ぜる。

2 米油を加え（B）、よく混ぜる。

3 薄力粉、米粉、シナモンパウダーを合わせてふるい入れ、ゴムべらで切るように混ぜる（C）。全体がなじんだら、ひとまとめにする。

4 台の上にラップを敷いて3をのせ、生地の上にもラップをかける。ラップの上からめん棒で1.5mm厚さに薄く伸ばす（D）。ラップごとバットにのせ、冷蔵室で30分以上休ませる。

5 上にかけたラップをはずし、直径6cmの型でそっと抜いて天板に並べる（E）。残りの生地はまとめて同様に伸ばし、型で抜く。170度のオーブンで15分焼く。焼き上がったら、網の上にのせて冷ます。

※生地はラップにはさんで伸ばすと作業しやすい。

A

B

C

D

E

米粉とナッツのサブレ

米粉スイーツ　グルテンフリー

小麦粉のサブレと同じように作りますが、米粉を使うとほろほろした口当たりに。
お好みのナッツを混ぜ込んで楽しんでもらいたい、シンプルなサブレです。

材料（24枚分）

バター（食塩不使用）……60g
- 溶き卵……30g（約1/2個分）
- きび砂糖……20g
- 塩……少々

米粉……100g
ピスタチオ（殻をとり除いたもの）……30g
※くるみなど好みのナッツでOK。

準備

・バターと卵を室温に戻す。
・天板にオーブンペーパーを敷く。
・ピスタチオは細かく刻む。
・溶き卵、きび砂糖、塩を合わせ、泡立て器で混ぜる。
・オーブンを170度に予熱する。

作り方

1 ボウルにバターを入れ、ゴムべらで練る。

2 溶き卵、きび砂糖、塩を合わせたものを加え（A）、泡立て器でよく混ぜる。

3 米粉を加えてゴムべらで混ぜ、ピスタチオを加えて混ぜる（B）。全体がなじんだら、ひとまとめにする。

4 台の上に3をのせ、直径2.5cmの棒状に形作る（C）。ラップで包んで冷蔵室でかたくなるまで冷やす。

5 包丁で1cm厚さに切り、天板に並べる（D・E）。170度のオーブンで20分焼く。焼き上がったら、網の上にのせて冷ます。

A　B　C　D　E

チョコレートおからクッキー

おからスイーツ　米粉スイーツ　グルテンフリー　卵不使用

溶かしたチョコレートとおからを米粉でつないで、いつもよりヘルシーに。
バターの香りとチョコレートのコクで、少量でも心を満たしてくれます。

材料（27枚分）

セミスイートチョコレート（製菓用）…… 50g
バター（食塩不使用）…… 50g
きび砂糖 …… 20g
塩 …… 少々
おから（生）…… 50g
［米粉 …… 50g
　ココア …… 10g
打ち粉（米粉）…… 適量

準備

・バターを室温に戻す。
・天板にオーブンペーパーを敷く。
・オーブンを160度に予熱する。

作り方

1 チョコレートは刻んで耐熱ボウルに入れ、ラップをふんわりとかけて300Wの電子レンジで2分加熱する。ゴムべらでなめらかになるまで混ぜ、バターを加えて混ぜて溶かす（**A**）。

2 きび砂糖と塩を加えて混ぜ、おからを加え（**B**）、混ぜる。

3 米粉とココアを合わせてふるい入れて混ぜ、全体がなじんだらひとまとめにし（**C**）、打ち粉をした台にのせる。

4 生地の表面にも打ち粉をし、直径3cmの棒状に形作る。ラップで包んで冷蔵室でかたくなるまで冷やす。

5 包丁で7mm厚さに切り、天板に並べる（**D・E**）。160度のオーブンで20〜25分焼く。焼き上がったら、網の上にのせて冷ます。

A　B　C　D　E

ココナッツオイルのショートブレッド

米粉スイーツ　グルテンフリー　豆乳使用　卵・乳製品不使用

バターを使わず、ココナッツオイルで作るショートブレッド。
シンプルなお菓子ですが、サクサクの食感で食べ飽きません。

材料（10～11本分）

豆乳（成分無調整）……15㎖
てんさい糖（ビート糖）……25g
塩……少々
ココナッツオイル……40g
米粉……60g
アーモンドパウダー……40g

準備

・天板にオーブンペーパーを敷く。
・オーブンを160度に予熱する。

作り方

1 ボウルに豆乳、てんさい糖、塩を入れ、泡立て器で混ぜる。

2 ココナッツオイルを加え（A）、とろりとするまでよく混ぜる。

3 米粉とアーモンドパウダーを合わせてふるい入れ、ゴムべらで混ぜる。全体がなじんだら、ひとまとめにする（B）。

4 ラップで四角く包み、台にのせる。ラップの上からめん棒で9×17㎝、1㎝厚さに伸ばす（C）。

5 包丁で1.5㎝幅に切って天板に並べ、箸で穴をあける（D·E）。160度のオーブンで20分焼く。焼き上がったら、網の上にのせて冷ます。

A

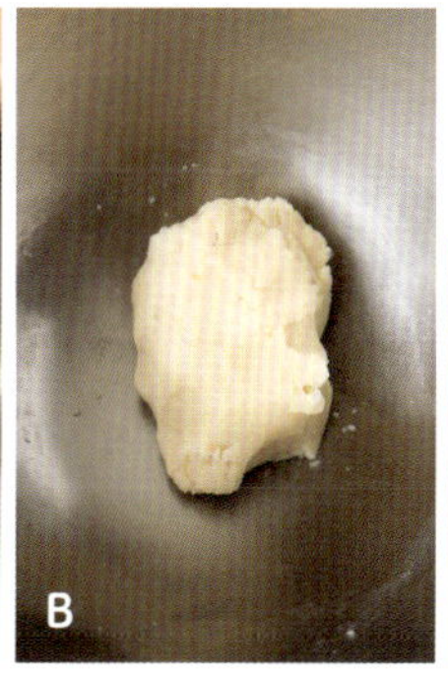
B

C

D

E

メープル豆乳マフィン

豆乳使用　全粒粉使用　乳製品不使用　砂糖不使用

砂糖を使わず、メープルシロップで甘さを出しました。
香りが立つ紅茶を加えましたが、
入れずに作ればプレーンマフィンになります。

材料（直径7.5cmのマフィン型5個分）

卵……1個
メープルシロップ……70g
塩……少々
- 紅茶の葉（アールグレー）……5g
- 熱湯……小さじ2
- 豆乳（成分無調整）……50mℓ

米油……50g
- 薄力粉……70g
- 全粒粉……30g
- ベーキングパウダー……小さじ1

紅茶の葉（アールグレー）……小さじ1
※紅茶はリーフの大きいものを使用。

準備

・型に紙のマフィンカップを敷く。
・オーブンを170度に予熱する。

作り方

1 ボウルに紅茶5gを入れ、熱湯を全体にかける（**A**）。3分おいてから、豆乳を加えて混ぜる（**B**）。

2 別のボウルに卵、メープルシロップ、塩を入れ、泡立て器で混ぜる。

3 **1**を茶こしでこしながら加えて混ぜ（**C**）、米油を加えてさらに混ぜる。

4 薄力粉、全粒粉、ベーキングパウダーを合わせてふるい入れ、混ぜる。

5 紅茶小さじ1を**4**で使った万能こし器を通してふるい入れ（**D**・指でつぶして細かい茶葉だけ加える）、全体を混ぜる。万能こし器に残った茶葉はとっておく。

6 型に流し入れ（**E**）、**5**で残った茶葉を上面に散らす。170度のオーブンで20分焼く。焼き上がったら型からそっとはずし、紙のカップをつけたまま網の上にのせて冷ます。

A　B　C　D　E

おからのスコーン

おからスイーツ　豆乳使用　卵・乳製品不使用

おからのしっとり感を活かしたシンプルなスコーン。
たっぷりと加えていますが、焼き上がると
おから感は薄れてやさしい味わいになります。

材料（直径4.5cm6個分）

豆乳（成分無調整）……60mℓ
きび砂糖……20g
塩……少々
米油……30g
おから（生）……100g
［薄力粉……80g
　ベーキングパウダー……小さじ1・1/2（6g）
打ち粉（あれば強力粉）……適量
豆乳（成分無調整）……適量

準備

・天板にオーブンペーパーを敷く。
・オーブンを200度に予熱する。

作り方

1 ボウルに豆乳、きび砂糖、塩を入れ、泡立て器で混ぜる。

2 米油を加え、とろりとするまでよく混ぜる。

3 おからを加え（**A**）、ゴムべらで混ぜる。

4 薄力粉とベーキングパウダーを合わせてふるい入れ、ゴムべらで切るように混ぜる（**B**）。全体がなじんだらひとまとめにし、打ち粉をした台にのせる。

5 生地の表面にも打ち粉をし、めん棒で3cm厚さに伸ばし（**C**）、半分に折る。これをもう一度くり返し、3cm厚さに伸ばす。直径4.5cmの抜き型に打ち粉をつけて4個抜き（**D**）、残りの生地をまとめて、もう一度3cm厚さに伸ばし、あと2個抜く。残った生地は手で丸める（**6**で一緒に焼く）。

6 天板に並べ、上面に豆乳を刷毛でぬる（**E**）。200度のオーブンで12〜14分焼く。焼き上がったら、網の上で冷ます。

※焼き立てにジャムとホイップクリームを添えたり、メープルシロップやはちみつをかけても。甘さ控えめなので、スープに添えて朝食にするのもおすすめ。

A

B

C

D

E

全粒粉のスコーン

全粒粉使用

薄力粉の一部を全粒粉にかえると、小麦粉の香ばしい香りが加わり、味わい深くなります。
ざくっとしたスコーンは、噛みごたえもあり、食べ過ぎの防止にも。

材料（6個分）

- 薄力粉……75g
- 全粒粉……75g
- きび砂糖……15g
- ベーキングパウダー……小さじ1・1/4（5g）
- 塩……少々

バター（食塩不使用）……30g
溶き卵……40g（約2/3個分）
プレーンヨーグルト……60g
打ち粉（あれば強力粉）……適量
牛乳、オートミール……適量

準備

・天板にオーブンペーパーを敷く。
・バターを1.5cm角に切る。
・溶き卵とヨーグルトを合わせ、泡立て器で混ぜる。
・オーブンを200度に予熱する。

作り方

1 ボウルに薄力粉、全粒粉、きび砂糖、ベーキングパウダー、塩を合わせてふるい入れ、バターを加えてさらさらの状態になるまで指でつぶす（A）。

2 溶き卵とヨーグルトを合わせたものを加え、ゴムべらで切るように混ぜる（B）。全体がなじんだらひとまとめにし、打ち粉をした台にのせる。

3 生地の表面にも打ち粉をし、めん棒で3cm厚さに伸ばし、半分に折る（C）。これをもう一度くり返し、3cm厚さにまるく伸ばして形を整え、カードで放射状に6等分に切る（D）。

4 天板に並べ、上面に牛乳を刷毛でぬり、オートミールを散らす（E）。200度のオーブンで12分焼く。

※食べ方はp.23「おからのスコーン」を参照。

A

B

C

D

E

豆腐ドーナツ

豆腐スイーツ　卵・乳製品不使用

ふんわりドーナツが食べたいときは、
薄力粉に絹ごし豆腐を加えます。
揚げ立てをそのまま食べてもおいしいし、
表面にきび砂糖をつけても。

材料（5個分）

絹ごし豆腐……130g
きび砂糖……30g
ココナッツオイル（米油でもOK）……20g
薄力粉……140g
ベーキングパウダー……小さじ1
打ち粉（あれば強力粉）……適量
揚げ油（米油）……適量
きび砂糖……適宜

作り方

1. ボウルに豆腐を入れ、泡立て器でなめらかになるまで混ぜる（**A**）。
2. きび砂糖を加え、混ぜる。
3. ココナッツオイルを加え、混ぜる。
4. 薄力粉とベーキングパウダーを合わせてふるい入れ、ゴムべらで混ぜる。全体がなじんだらひとまとめにし、打ち粉をした台にのせる（**B**）。
5. 生地の表面にも打ち粉をし、まるく形を整え、カードで放射状に5等分に切る（**C**）。丸めて薄く広げたら、直径3cmの抜き型に打ち粉をつけて中央を抜く（**D**）。残りも同様にする。
6. フライパンに揚げ油を入れ、160～170度に熱し、**5**をそっと入れる。上下を返しながらきつね色になるまで4分ほど揚げ（**E**）、網にのせる。好みできび砂糖を表面につける（バットにきび砂糖を入れて広げ、片面を押しつける）。

※ドーナツの表面にシナモンシュガーをつけてもおいしい。

A

B

C

D

E

米粉のパンケーキ

米粉スイーツ　グルテンフリー　豆乳使用　乳製品不使用

米粉と豆乳で作るパンケーキは、軽やかでさっぱりと仕上がります。
メレンゲを加えているので、ふんわりとやわらかい焼き上がりに。

材料（直径約10cmを4枚分）

卵黄……1個分
きび砂糖……10g
豆乳（成分無調整）……70mℓ
米油……10g
米粉……70g
ベーキングパウダー……小さじ1/2
卵白……1個分
きび砂糖（メレンゲ用）……10g
はちみつ、果物（ここではプラム）……適宜

作り方

1 ボウルに卵黄ときび砂糖10gを入れ、泡立て器で混ぜる。

2 豆乳を加えて混ぜ（A）、米油を加えてさらに混ぜる。

3 米粉とベーキングパウダーを合わせて入れ（B）、混ぜる。

4 別のボウルに卵白ときび砂糖10gを入れてハンドミキサーの中速で角（つの）が立つまで泡立て、しっかりとしたメレンゲを作る。

5 4に3を加え、泡立て器ですくい上げながら全体を混ぜる（C）。

6 小さめのフライパン（フッ素樹脂加工または厚めの鉄製）を中火にかけて熱し、米油（分量外）を入れ、キッチンペーパーで薄くのばす。レードルで1/4量を流し入れてまるく伸ばし（D）、ふたをして3〜4分焼く。表面にプツプツとした小さな泡が出てきたら上下を返し（E）、さらに1分焼く。同様に残りの3枚を焼く。

7 器に盛り、好みではちみつと食べやすい大きさに切った果物を添える。

※バターやメープルシロップを添えてもおいしい。

全粒粉のクレープ

全粒粉スイーツ

大好きなクレープは、全粒粉を使って香ばしさをアップさせました。
糖質を抑えたいならバター、脂質を抑えたいなら甘いソースを添えてみて。

材料（直径20cmのフライパンで5枚分）

- 全粒粉……40g
- アーモンドパウダー……10g
- きび砂糖……10g
- 塩……少々
- 牛乳……110mℓ
- 卵……1個
- バター（食塩不使用）……10g
- バター（食塩不使用）、きび砂糖……各適量

作り方

1 ボウルに全粒粉、アーモンドパウダー、きび砂糖、塩を合わせてふるい入れ、泡立て器で混ぜる（**A**）。

2 牛乳の半量を加え、しっかりと混ぜる。残りの牛乳を加え（**B**）、さらに混ぜる。卵を加えて混ぜる。

3 フライパン（直径20cm・フッ素樹脂加工または厚めの鉄製）にバター10gを入れ、中火にかける。ゴムべら（耐熱のもの）で混ぜながら少し焦がす（**C**）。

4 **2**に**3**を加え（**D**）、混ぜる。ラップをかけて室温（涼しい場所）で30分休ませる。

5 **3**のフライパンをキッチンペーパーでふき、中火にかける。フライパンが温まったら**4**をレードル1杯流し入れ、フライパンをまわして広げる。

6 縁が茶色く色づいてきたら、パレットナイフを差し込み（**E**）、そっと上下を返す。裏面にさっと火を通し、台（またはバット）にとり出す。同様に残りの4枚を焼き、台に重ねていく。

7 たたんで器に盛り、バターをのせ、きび砂糖をふる。

※ジャムやはちみつを添えるのもおすすめ。スライスチーズをのせてもおいしい。

A

B

C

D

E

りんごのオートミールクランブル

オートミール使用　全粒粉使用

りんごをレンジでコンポートにしてから器に詰め、クランブルをのせて焼きました。
クランブルは米油、オートミール、全粒粉でザクッとさせます。

材料（直径8×深さ5cmのココット4個分）

りんご（紅玉）……小2個
きび砂糖……適量
レモン汁……小さじ1
［クランブル］
生クリーム……15mℓ
きび砂糖……20g
塩……少々
米油（ココナッツオイルでもOK）……20g
オートミール……40g
全粒粉……20g
アーモンドパウダー……20g

準備

・ココットに薄く米油（分量外）をぬる。
・オーブンを160度に予熱する。

作り方

1 りんごはよく洗い、8等分に切って芯をとり、半分に切る。りんごの重さをはかって耐熱ボウルに入れ、りんごの重さの10％のきび砂糖とレモン汁を加える。ラップをふんわりとかけ（**A**）、600Wの電子レンジで4分加熱する。

2 **1**をとり出し、空気にふれないようにりんごの表面にラップを当てて冷ます（**B**）。りんごが冷めたら、ココットに入れる。

3 クランブルを作る。ボウルに生クリーム、きび砂糖、塩、米油の順に入れ、泡立て器で混ぜる。

4 オートミールを加え、全粒粉とアーモンドパウダーを合わせてふるい入れ（**C**）、ゴムべらで全体がなじむまで混ぜる（**D**）。スプーンで**2**の上にのせる（**E**）。

5 天板に並べ、160度のオーブンで35分焼く。焼き上がったら、網の上で冷ます。

※完全に冷める前のほんのり温かいくらいがおいしい。好みでシナモンをかけても。

A　B　C　D　E

2

ケーキ
いろいろ

お菓子作りの楽しみといえば、ホールケーキを作って誰かとシェアできること。
誕生日や季節の行事、あるいは手みやげに手作りのお菓子を用意できること。
それから、旬の新鮮な果物をとり入れた季節感のあるお菓子が作れることです。
この章では、本格的なケーキをいつもよりヘルシーに楽しみたいときのレシピを紹介します。糖質低めの果物をアクセントに使ったり、ヨーグルトや米油、米粉を上手にとり入れるなど、レシピをあれこれ工夫しました。例えばショートケーキなら、米粉のスポンジを少し大きな型で薄めに焼いて、低脂肪の生クリームと低糖質の果物を合わせます。さっぱりと軽やか、それでいて最後の一口までしっかりとフルーツが感じられて、満足感のあるケーキに仕上がります。

いちごの米粉ショートケーキ

米粉スイーツ　グルテンフリー

米粉で作るふんわり軽やかなスポンジケーキ。
18㎝の丸型でいつもより薄く焼き上げて、生クリームの量も最小限に抑えました。

いちごの
米粉ショートケーキ

材料（底のとれる直径18cmの丸型1台分）

［別立てスポンジ生地］
- 卵黄……2個分
- きび砂糖……20g
- 米油……20g
- プレーンヨーグルト……10g
- 卵白……2個分
- きび砂糖（メレンゲ用）……40g
- 米粉……60g

［いちごのマリネ］
- いちご……正味300g
- てんさい糖（ビート糖）……30g
- レモン汁……小さじ1
- リキュール（キルシュなど）……小さじ1

生クリーム（乳脂肪分35〜36％のもの）……160mℓ
きび砂糖……5g

準備

［前日］
- いちごのマリネを作る。いちごは洗って水気をきり、へたをとってボウルに入れる。てんさい糖、レモン汁、リキュールを加え、ラップをかけて冷蔵室に入れて一晩おく（**A**）。

［当日］
- オーブンを160度に予熱する。
- ボウルに米油とヨーグルトを入れ、泡立て器で混ぜる。

作り方

1 スポンジ生地を作る。ボウルに卵黄ときび砂糖20gを入れ、ハンドミキサーの高速でふんわりと白っぽくなるまで泡立てる。米油とヨーグルトを合わせたものを加え（**B**）、泡立て器でよく混ぜる。

2 別のボウルに卵白ときび砂糖40gを入れてハンドミキサーの中速で角（つの）が立つまで泡立て、しっかりとしたメレンゲを作る。

3 **2**に**1**を加え（**C**）、ゴムべらでさっくりと混ぜる。

4 米粉をふるい入れ、泡立て器をすくい上げながら混ぜる。粉が見えなくなったら、ゴムべらで全体を混ぜる。

5 型（何もぬらない）に流し入れて表面を平らにし（**D**）、160度のオーブンで25分焼く。焼き上がったら、型ごと逆さにし、オーブンペーパーを敷いた網の上にのせて冷ます。粗熱がとれたらラップをかけて冷蔵室で冷やす。

6 冷めたら型と生地の間にパレットナイフを入れ（**E**）、スポンジを型からはずし、下が少し厚くなるように2枚にスライスする（定規で印をつけて高さをそろえて切るとよい）。

7 ボウルに生クリームときび砂糖5gを入れ、ボウルの底を氷水に当てながらハンドミキサーの中速で泡立て、6分立て（すくったときにトロトロと落ちる状態）にする。1/3量を別のボウルに移し（コーティング用）、冷蔵室で冷やす。残りはさらに泡立て、9分立て（角（つの）が立つくらい）にする（サンド用）。

8 いちごのマリネをとり出し、マリネから出たシロップをとり分ける。いちごの水気をふき、半量は縦半分、残りは薄い輪切りにする。

9 下になるスポンジの上面に**8**のシロップを刷毛でぬる（**F**）。サンド用のクリームを薄くぬり、切ったいちごを並べ（**G**）、さらにクリームをぬる。下面にシロップをぬったもう1枚のスポンジをのせ、軽く押してなじませたら、残りのクリームを全体にぬって側面のすき間を埋め（**H**）、冷蔵室に30分以上入れる。

10 コーティング用のクリームをとり出し、少し泡立ててから**9**の上面にかけ、全体にぬり広げる（**I**）。側面にいちごの輪切りを貼りつける。

A
B
C
D
E
F
G
H
I

桃と紅茶の米粉ショートケーキ

米粉スイーツ　グルテンフリー

米粉のスポンジケーキを紅茶風味にアレンジ。
果物の中では糖質が低めの桃を低脂肪の生クリームと合わせてさっぱりと仕上げます。

材料（底のとれる直径18cmの丸型1台分）

［別立てスポンジ生地］
- 卵黄……2個分
- きび砂糖……20g
- 米油……20g
- 紅茶の葉（アールグレー）……2g
- 熱湯……小さじ2
- プレーンヨーグルト……10g
- 卵白……2個分
- きび砂糖（メレンゲ用）……40g
- 米粉……60g

桃……2個
てんさい糖（ビート糖）……適量
レモン汁……小さじ1
リキュール（キルシュなど）……小さじ1

- 生クリーム（乳脂肪分35～36％のもの）……160mℓ
- きび砂糖……10g
- 紅茶の葉（アールグレー）……6g
- 熱湯……20mℓ

※紅茶はリーフの大きいものを使用。

準備

- ボウルに紅茶6gを入れ、熱湯20mℓをかける。3分おいてから、生クリームときび砂糖10gを加えて混ぜ（**A**）、冷蔵室で冷やす。
- 小さな容器にスポンジ生地の紅茶2gを入れ、指で細かくつぶしてから熱湯小さじ2をかける。3分おいてから、ヨーグルトを加えて混ぜる。
- オーブンを160度に予熱する。

作り方

1 p.38の作り方**1**～**6**を参照してスポンジ生地を作る。ただし、米油とヨーグルトは合わせずに、米油を加えて混ぜたら、紅茶とヨーグルトを合わせたものを万能こし器でこしながら加える（**B**）。

2 ボウルに紅茶ときび砂糖と合わせた生クリームを茶こしでこしながら入れ（**C**）、ボウルの底を氷水に当てながらハンドミキサーの中速で泡立て、6分立て（すくったときにトロトロと落ちる状態）にする。1/3量を別のボウルに移し（コーティング用）、冷蔵室で冷やす。残りはさらに泡立て、9分立て（角が立つくらい）にする（サンド用）。

3 桃は湯むき（沸騰した湯で30秒くらいゆでて冷水にとり、皮をむく）をして、くし形に切る。むいた桃の皮はとっておく。

4 下になるスポンジの上面にサンド用のクリームを薄くぬり、桃を並べ（**D**）、さらにクリームをぬる。もう1枚のスポンジをのせ、軽く押してなじませたら、残りのクリームを全体にぬって側面のすき間を埋め、冷蔵室に30分以上入れる。

5 残った桃は耐熱ボウルに入れ、**3**の桃の皮、てんさい糖（桃の重さの5％）、レモン汁、リキュールを加える。ふんわりとラップをかけ（**E**）、600Wの電子レンジで1～2分加熱する。とり出したら、空気にふれないように桃の表面にラップを当てて冷ます。

6 コーティング用のクリームをとり出し、少し泡立ててから**4**の上面にかけ、全体にぬり広げる。上面に**5**の桃を小さく切って飾る。

A　B

C

D

E

キャロットケーキ

野菜スイーツ　米粉使用　グルテンフリー　油脂不使用

すりおろしたにんじんとアーモンドパウダーをたっぷりと加えた、キャロットケーキ。
トッピングのクリームチーズは、上面に薄くぬりました。

材料（底のとれる直径18cmの丸型1台分）

にんじん（皮つき）……正味120g
卵……2個
きび砂糖……80g
アーモンドパウダー……120g
米粉……30g
ベーキングパウダー……小さじ1
シナモンパウダー……小さじ1/2
[トッピング]
クリームチーズ……150g
メープルシロップ……30g

準備

・型の側面にオーブンペーパーを敷く。
・オーブンを170度に予熱する。

作り方

1 にんじんはよく洗い、皮つきのまますりおろす（**A**）。

2 ボウルに卵を割り入れ、ハンドミキサーの羽根でほぐす。きび砂糖を加えてハンドミキサーの低速で混ぜ、砂糖がなじんだら高速にして泡立てる（**B**）。すくったときに生地がトロトロと落ちるようになったら、低速にしてきめを整える。

3 アーモンドパウダー、米粉、ベーキングパウダー、シナモンパウダーを合わせてふるい入れ、**1**を加える（**C**）。ゴムべらでなめらかになるまで混ぜる。

4 型に流し入れて表面を平らにし（**D**）、170度のオーブンで30分焼く。焼き上がったら型からはずして網の上にのせ、冷めたら側面のオーブンペーパーをはがす。

5 トッピングを作る。ボウルに室温に戻したクリームチーズを入れ、ゴムべらで練る。メープルシロップを加え、なめらかになるまで混ぜる。しっかりと冷ましたケーキの上にのせてパレットナイフで薄くぬり広げ（**E**）、切り分ける。

A　B　C　D　E

米粉のバナナシフォンケーキ

米粉スイーツ　グルテンフリー　豆乳使用　乳製品不使用

米粉と米油と豆乳を使うことで、ふんわり、もっちりとした生地に仕上がります。
完熟バナナの甘みで、砂糖を少し控えられるのもうれしい。

材料（直径17cmのシフォン型1台分）

卵黄……3個分
きび砂糖……20g
米油……40g
バナナ……正味120g（約1本）
※完熟のものを使う。
豆乳（成分無調整）……20mℓ
米粉……70g
卵白……140g（約3・1/2個分）
きび砂糖（メレンゲ用）……50g

準備

・オーブンを170度に予熱する。

作り方

1 ボウルに卵黄ときび砂糖25gを入れ、ハンドミキサーの高速でふんわりと白っぽくなるまで泡立てる。米油を加え、さらによく混ぜる。

2 バナナを加えてフォークでつぶし（A）、さらにハンドミキサーでしっかりと混ぜる。

3 豆乳を加えて混ぜ、米粉をふるい入れ、泡立て器でしっかりと混ぜる。

4 別のボウルに卵白ときび砂糖50gを入れてハンドミキサーの中速で角（つの）が立つまで泡立て、しっかりとしたメレンゲを作る。

5 3に4の1/3量を加え、泡立て器でマーブル状になるまで混ぜ（B）、4のボウルに戻し入れる。泡立て器で8割程度混ぜたら、最後はゴムべらで全体を混ぜる。

6 型（何もぬらない）に流し入れて表面を平らにし（C）、170度のオーブンで35分焼く。焼き上がったら、型ごと逆さにし、網の上にのせて冷ます。粗熱がとれたらラップをかけて冷蔵室で中までしっかりと冷やす。

7 パレットナイフや先の細いナイフを型と生地の間に入れ、側面、中央、底の順に型からはずし（D・E）、切り分ける。

A

B

C

D

E

甘酒チーズケーキ

甘酒スイーツ　米粉使用　グルテンフリー

甘酒を加えることで、コクがありながらも軽やかで、
口の中でとろけるような食感になります。
お腹にすとんと収まって胃もたれしにくい、そんなチーズケーキです。

材料（直径15cmの丸型1台分）

クリームチーズ……300g
てんさい糖（ビート糖）……50g
米粉……20g
卵……2個
甘酒（米麹タイプ）……200g
柑橘の皮のすりおろし……1/2個分
柑橘の搾り汁……小さじ2
※レモン、ゆず、オレンジなど好みで。
季節の果物（ここではさくらんぼ）……適量

準備

- クリームチーズを室温に戻す（または300Wの電子レンジで約1分加熱する）。
- オーブンペーパーを直径28cmにまるくカットし、型の底と側面に敷き込む（**A**）。
- オーブンを180度に予熱する。

作り方

1. ボウルにクリームチーズを入れ、ゴムべらで練る。てんさい糖を加え（**B**）、よく混ぜる。
2. 米粉をふるい入れ、泡立て器でなめらかになるまで混ぜる。
3. 卵を1個ずつ割り入れ、そのつどよく混ぜる（**C**）。
4. 甘酒を3回に分けて加え、そのつど混ぜる（**D**）。
5. 柑橘の皮と搾り汁を加え、混ぜる。
6. 型に流し入れて表面を平らにし（**E**）、180度のオーブンで30～35分焼く。焼き上がったら型のまま網の上にのせて冷まし、粗熱がとれたらラップをかけて冷蔵室で一晩しっかりと冷やす。
7. 型とオーブンペーパーをはずして切り分け、器に盛り、果物を添える。

ヨーグルトチーズケーキ

米粉使用　グルテンフリー

ヨーグルトをたっぷりと加え、米粉を使って焼き上げた、とにかく軽いスフレチーズケーキ。
ソースがわりに生のブルーベリーを生地の中に散らしました。

ヨーグルトチーズケーキ

材料（底のとれる直径15cmの丸型1台分）

プレーンヨーグルト……400g
クリームチーズ……150g
バター（食塩不使用）……30g
はちみつ……40g
米粉……30g
卵黄……2個分
卵白……2個分
てんさい糖（ビート糖）……40g
ブルーベリー（冷凍でもOK）……18粒

準備

［前日］
- ドリッパーにペーパーフィルター（なければざるにキッチンペーパー）を敷いて容器にのせ、ヨーグルトを入れて冷蔵室で一晩おき、400gが160gになるまで水切りする（**A**）。

［当日］
- クリームチーズ、バター、卵を室温に戻す。
- 型の底にオーブンペーパーを敷き、側面にバター（分量外）をぬる。型の底と側面をアルミホイルでぴったりとおおう（**B**）。
- オーブンを160度に予熱する。
- 湯せん用の湯を沸かす。

作り方

1 ボウルにクリームチーズとバターを入れ、バターをゴムべらで練る（**C**）。バターがクリーム状になったらクリームチーズと合わせ、しっかりと混ぜる。

2 はちみつを加え、なめらかになるまで混ぜる。

3 米粉を加え、混ぜる（**D**）。

4 卵黄、水切りをしたヨーグルト（固形分だけ）を順に加え（**E**）、泡立て器でそのつど混ぜる。

5 別のボウルに卵白とてんさい糖を入れてハンドミキサーの中速で角（つの）が立つまで泡立て、しっかりとしたメレンゲを作る（**F**）。

6 **4**に**5**の半量を加え、泡立て器でほぐすように混ぜる。残りのメレンゲを加え、ゴムべらで全体を混ぜる（**G**）。

7 型に半量を流し入れて表面を平らにし、ブルーベリーを散らす（**H**）。残りの生地を流し入れて表面を平らにし、天板にのせたバットにのせる。湯を深さ2cmほど注ぎ（**I**）、160度のオーブンで45～50分焼く。

8 焼き上がったら、アルミホイルをはずし、型のまま網の上にのせて冷まし、粗熱がとれたらラップをかけて冷蔵室で一晩しっかりと冷やす。型とオーブンペーパーをはずして切り分ける。

A
B
C
D
E
F
G
H
I

甘酒と米粉のブラウニー

甘酒スイーツ　米粉スイーツ　グルテンフリー

ときにはチョコレートのお菓子も食べたい。
そんなときにおすすめの、甘酒と米粉、米油を使った、
しっとり軽やかなブラウニーです。

材料（直径18cmの丸型1台分）

セミスイートチョコレート（製菓用）…… 80g
米油 …… 40g
卵 …… 1個
きび砂糖 …… 20g
甘酒（米麹タイプ）…… 50g
［米粉 …… 50g
ベーキングパウダー …… 小さじ1/3］
くるみ …… 25g

準備

- 卵を室温に戻す。
- オーブンペーパーを直径24cmにまるくカットし、型の底と側面に敷き込む（p.47のA参照）。
- くるみは粗く刻む。
- オーブンを160度に予熱する。

作り方

1 チョコレートは刻んで耐熱ボウルに入れ、ラップをふんわりとかけて300Wの電子レンジで2〜3分加熱して溶かす。ゴムべらでなめらかになるまで混ぜ、米油を加えて泡立て器で混ぜる（**A**）。

2 別のボウルに卵を割り入れ、ハンドミキサーの羽根でほぐす。きび砂糖を加えてハンドミキサーの低速で混ぜ、砂糖がなじんだら高速にして泡立てる。すくったときに生地がもったりとしてきたら（**B**）、低速にしてきめを整える。

3 **2**に甘酒を加えて泡立て器で混ぜ、**1**を加えて軽く混ぜる（**C**）。

4 米粉とベーキングパウダーを合わせてふるい入れ、泡立て器で底からすくい上げるようにして混ぜる（**D**）。粉っぽさがなくなったら、ゴムべらでなめらかになるまで混ぜる。

5 型に流し入れて表面を平らにし（**E**）、刻んだくるみを散らす。160度のオーブンで25分焼く。焼き上がったら型のまま網の上にのせて冷ます。冷めてから型とオーブンペーパーをはずし、切り分ける。

ヴィクトリアサンドイッチケーキ

米粉スイーツ　グルテンフリー　豆乳使用

植物素材をたくさん使ったカステラのようなやさしい味の生地に、
ジャムと低脂肪の生クリームをはさみました。たっぷりの紅茶を淹れて楽しみたい。

材料（底のとれる直径15cmの丸型1台分）

卵……2個
きび砂糖……65g
メープルシロップ……25g
米油……100g
豆乳（成分無調整）……30mℓ
［米粉……120g
　ベーキングパウダー……小さじ1/2
生クリーム（乳脂肪分35〜36％のもの）……100mℓ
好みのジャム（ここではあんずジャム）……50g

準備

・オーブンを160度に予熱する。

あんずジャム（作りやすい分量）

あんず……正味120g
きび砂糖……40g
レモン汁……小さじ1/2

あんずは洗って半割りにして種をとり、さらに半分に切る。鍋にあんず、きび砂糖、レモン汁を入れて弱めの中火にかけ、煮崩れてとろりとするまで煮る（E）。
※余ったジャムは冷蔵室で保存し、早めに食べきる。

作り方

1　ボウルに卵を割り入れ、ハンドミキサーの羽根でほぐす。きび砂糖とメープルシロップを加えてハンドミキサーの低速で混ぜ、砂糖がなじんだら高速にして泡立てる。すくったときに生地がもったりとしてきたら（A）、低速にしてきめを整える。

2　別のボウルに米油と豆乳を入れ、乳化するまで泡立て器でよく混ぜ、**1**に加える。

3　米粉とベーキングパウダーを合わせてをふるい入れ、ゴムべらでなめらかになるまで混ぜる。

4　型に流し入れて表面を平らにし（B）、160度のオーブンで35〜40分焼く。焼き上がったら、型のまま網の上にのせて冷ます。p.38の作り方**6**を参照して2枚にスライスする（C）。

5　ボウルに生クリームを入れ、ボウルの底を氷水に当てながらハンドミキサーの中速で泡立て、9分立て（角(つの)が立つくらい）にする。

6　下になるスポンジの上面にジャムをスプーンでぬり、その上に**5**をのせて全体に広げ（D）、もう1枚のスポンジをのせる。

※ジャムはいちごやブルーベリーなどでもおいしい。あんずジャムを手作りする場合は、左記を参照。

A

B

C

D

E

いちごの薄焼きタルト

全粒粉使用

バターの量を控えるため、スコーンの生地でタルトを作りました。
小粒のいちごをたっぷりのせて焼き上げれば、自然な甘みがおいしく、朝食にもおやつにもぴったり。

材料（直径約20cm1台分）

［タルト生地］
- 薄力粉 …… 50g
- 全粒粉 …… 50g
- きび砂糖 …… 10g
- ベーキングパウダー …… 小さじ1/2
- 塩 …… 少々
- バター（食塩不使用）…… 25g
- 溶き卵 …… 25g（約1/2個分）
- プレーンヨーグルト …… 40g
- 打ち粉（あれば強力粉）…… 適量

いちご …… 正味250g
きび砂糖 …… 25g

準備

- いちごは洗って水気をきり、へたをとって縦半分に切る。ボウルに入れ、きび砂糖25gをまぶす。
- バターを1cm角に切る。
- 溶き卵とヨーグルトを合わせ、泡立て器で混ぜる。
- オーブンを180度に予熱する。

作り方

1 タルト生地を作る。ボウルに薄力粉、全粒粉、きび砂糖10g、ベーキングパウダー、塩を合わせてふるい入れ、バターを加えてさらさらの状態になるまで指でつぶす（A）。

2 溶き卵とヨーグルトを合わせたものを加え（B）、ゴムべらで切るように混ぜる。全体がなじんだらひとまとめにし、打ち粉をした台にのせる（C）。

3 生地の表面にも打ち粉をし、めん棒で薄く伸ばし、半分に折る。これをもう一度くり返したら、台の上にオーブンペーパーを敷いて生地をのせ、生地の上にラップをかける。ラップの上からめん棒で3mm厚さにまるく伸ばす（D）。ラップごとバットなどにのせ、冷蔵室で30分以上休ませる。

4 オーブンペーパーごと天板に移し、中央にいちごをのせ、生地の端をひだを寄せながら折り返す（E）。180度のオーブンで20分焼く。

※少し冷めてほんのり温かいくらいが味が落ち着いておいしい。

A

B

C

D

E

オレンジアーモンドケーキ

米粉使用 | グルテンフリー | 乳製品不使用 | 油脂不使用

油脂を入れないかわりに、丸ごと煮たオレンジとたっぷりのアーモンドパウダーを使います。
そのしっとり感たるや！　オレンジのかわりにレモンで作ってもおいしい。

材料（直径6cmのプリン型4個分）

オレンジ（国産のもの）
……2個（1個あたり約150g）
卵……1個
きび砂糖……50g
アーモンドパウダー……70g
米粉……20g
ベーキングパウダー……小さじ1/2

準備

・型に米油（分量外）をぬる。
・途中でオーブンを160度に予熱する。

作り方

1 オレンジ1個はよく洗い、鍋に入れてたっぷりの水を加える。オーブンペーパーで落しぶたをして弱火にかけ、オレンジがやわらかくなるまで1時間ほど煮る（**A**）。

2 **1**のオレンジは皮をつけたまま小さく切り、へたと種をとり除く。ブレンダー（またはミキサー）にかけてピュレ状にし（**B**）、75g計量しておく。

3 もう1個のオレンジはよく洗い、皮をすりおろす。残りは薄い輪切りにし、皮と種をとり除いて果肉を4等分に切り、冷蔵室で冷やす（飾り用）。

4 ボウルに卵を割り入れ、ハンドミキサーの羽根でほぐす。きび砂糖を加えてハンドミキサーの低速で混ぜ、砂糖がなじんだら高速にして泡立てる。すくったときに生地がトロトロと落ちるようになったら、低速にしてきめを整える（**C**）。

5 アーモンドパウダー、米粉、ベーキングパウダー合わせてふるい入れ、**2**のピュレと**3**のオレンジの皮を加える（**D**）。ゴムべらでなめらかになるまで混ぜる。

6 型に流し入れて表面を平らにし（**E**）、160度のオーブンで20分焼く。焼き上がったら型を逆さにして網の上にのせ、すぐに型からはずす（はずれないときは、生地と型の間にナイフをぐるりと入れる）。器にのせ、**3**のオレンジの果肉を飾る。

A

B

C

D

E

米粉のブルーベリータルト

米粉スイーツ　グルテンフリー

米粉のタルト生地は、ほろほろとした生地に焼き上がるので、ジューシーな果物と合わせると美味。
糖質低めで目にもやさしいブルーベリーをたっぷりと盛りつけました。

材料（底の直径5cmのマフィン型8個分）

［タルト生地］
- バター（食塩不使用）…… 45g
- 溶き卵 …… 15g（約1/4個分）
- きび砂糖 …… 15g
- 塩 …… 少々
- 米粉 …… 70g
- アーモンドパウダー …… 15g

生クリーム …… 120mℓ
プレーンヨーグルト …… 150g
はちみつ …… 20g
ブルーベリー …… 240g

準備

［前日］
・ドリッパーにペーパーフィルター（なければざるにキッチンペーパー）を敷いて容器にのせ、ヨーグルトを入れて冷蔵室で一晩おき、150gが60gになるまで水切りする（p.51の**A**参照）。

［当日］
・バターと卵を室温に戻す。
・マフィン型を逆さにして底に薄くバター（分量外）をぬる。
・オーブンを170度に予熱する。

作り方

1 タルト生地を作る。ボウルにバターを入れ、ゴムべらで練る。

2 別のボウルに溶き卵、きび砂糖、塩を入れ、泡立て器で混ぜる。**1**に少しずつ加え、泡立て器でよく混ぜる。

3 米粉、アーモンドパウダーの順に加え、ゴムべらで混ぜる。全体がなじんだら、ひとまとめにする。

4 生地を8等分にし、手で丸める。台の上にラップを敷いて生地を1個のせ、生地の上にオーブンペーパーをのせる。ペーパーの上から缶のふたなどで押し（**A**）、直径7cmにまるく伸ばし、ペーパーをはがす（**B**）。ラップごとひっくり返して逆さにしたマフィン型に生地をのせ、底と側面に貼りつける（**C**）。ラップをはがし、生地にひびが入っていたら整える。残りも同様にし、天板に並べる（**D**）。

5 170度のオーブンで20分焼く。焼き上がったら粗熱をとり、型からそっとはずして網の上にのせて冷ます。

6 ボウルに生クリームを入れ、ボウルの底を氷水に当てながらハンドミキサーの中速で泡立て、8分立て（すくったときに角がおじぎするくらい）にする。別のボウルに水切りしたヨーグルト（固形分だけ）とはちみつを入れ、生クリームを加えてゴムべらで混ぜる。

7 **5**に**6**をのせ（**E**）、ブルーベリーをこんもりとのせる。

※果物は季節のもので。いちご、マンゴー、柑橘類などをのせてもおいしい。

A

B

C

D

E

レモンケーキ

レモンスイーツ

卵を泡立てることでふんわり感、米油を使うことで軽やかさ、ヨーグルトを加えることでしっとりさを出しました。表面にはレモン汁をたっぷりと染み込ませます。

材料（直径18cmの丸型1台分）

卵……2個
てんさい糖（ビート糖）……90g
プレーンヨーグルト……40g
米油……70g
強力粉……120g
レモン（国産のもの）……1個
［トッピング］
レモン（国産のもの）……1個
てんさい糖（ビート糖）……小さじ1/2

準備

・卵とヨーグルトを室温に戻す。
・型の底と側面にオーブンペーパーを敷き込む。
・レモンは2個ともよく洗って水気をふきとる。1個分の表面の皮をすりおろし、果汁を搾って小さじ2を計量しておく。
・オーブンを160度に予熱する。

作り方

1 トッピング用のレモン1個は薄い輪切りにし、バットに並べる。てんさい糖小さじ1/2をふりかけ、冷蔵室で冷やす。

2 ボウルに卵を割り入れ、ハンドミキサーの羽根でほぐす。てんさい糖90gを加えてハンドミキサーの低速で混ぜ、砂糖がなじんだら高速にして泡立てる。すくったときに生地がトロトロと落ちるようになったら（**A**）、低速にしてきめを整える。

3 別のボウルにヨーグルトと米油を入れ、泡立て器でよく混ぜてから**2**に加える（**B**）。レモンの皮のすりおろしを加える。

4 強力粉をふるい入れ、泡立て器で底からすくい上げるようにして混ぜる（**C**）。粉っぽさがなくなったら、ゴムべらでなめらかになるまで混ぜる。

5 型に流し入れて表面を平らにし（**D**）、160度のオーブンで30〜35分焼く。焼き上がったら型からはずして網の上にのせ、上面にレモン汁を刷毛でぬる（**E**）。冷めたら乾かないようにラップで包み、冷蔵室に入れる。

6 オーブンペーパーをはがし、ケーキ切り分けて上面に**1**をのせる。

※レモン汁をぬって冷蔵室で3時間以上おくと味がなじんでおいしい。

A B C D E

柑橘の米粉ロールケーキ

米粉スイーツ　グルテンフリー

米粉を使ったスポンジシートは、ふんわりとして口溶けがよいのが特徴。
水切りヨーグルトを加えた低脂肪の生クリームと柑橘を巻き込めば、さっぱりと食べられます。

柑橘の
米粉ロールケーキ

材料（25×29㎝の天板1枚分）

［別立てスポンジシート］
- 卵黄……3個分
- はちみつ……30g
- 米油……20g
- 卵白……3個分
- てんさい糖（ビート糖／メレンゲ用）……50g
- 米粉……40g

プレーンヨーグルト……130g
生クリーム（乳脂肪分35〜36％のもの）……150㎖
てんさい糖（ビート糖）……10g
好みの柑橘（ここでは小夏）……約2個
はちみつ……大さじ1
ミント……適量
飾り用の柑橘ピール（下記参照）、ミント……各適量

準備

［前日］
- ドリッパーにペーパーフィルター（なければざるにキッチンペーパー）を敷いて容器にのせ、ヨーグルトを入れて冷蔵室で一晩おき、130gが50gになるまで水切りする（p.51の**A**参照）。

［当日］
- 天板を2枚重ね、オーブンペーパー（またはわら半紙）を2重にして四隅に4㎝の切り込みを入れ､敷き込む（**A**）。
- 柑橘の皮と薄皮をむき、果肉をとり出してバットに並べ、はちみつ大さじ1をかけて冷蔵室で冷やす。
- オーブンを190度に予熱する。

作り方

1 スポンジシートを作る。ボウルに卵黄とはちみつ30gを入れ、ハンドミキサーの高速でふんわりと白っぽくなるまで泡立てる。米油を加え（**B**）、さらによく混ぜる。

2 別のボウルに卵白とてんさい糖50gを入れてハンドミキサーの中速で角（つの）が立つまで泡立て、しっかりとしたメレンゲを作る（**C**）。

3 **2**に**1**を加え、泡立て器でマーブル状になるまで混ぜたら、米粉をふるい入れる。泡立て器で底からすくい上げるようにして混ぜ（**D**）、粉っぽさがなくなったらゴムべらでなめらかになるまで混ぜる。

4 天板に流し入れて表面を平らにし（**E**）、190度のオーブンで12分焼く。焼き上がったら、オーブンペーパーを持ち、天板からスライドさせるように生地を台の上にのせ、乾かないように底面のペーパーを1枚上にかぶせて冷ます（**F**）。

5 スポンジの側面のペーパーをはがしてから上下を返し、底面のペーパーをはがす(**G**)。ラップをかけて再び上下を返す（焼き色面が上になる）。

6 ボウルに水切りしたヨーグルト（固定分だけ）、生クリーム、てんさい糖10gを入れ、ボウルの底を氷水に当てながらハンドミキサーの中速で泡立て、9分立て（角（つの）が立つくらい）にする。

7 スポンジに**6**をパレットナイフで均一にぬる。冷やした柑橘の水気をキッチンペーパーでふき、6㎝間隔に3列並べ、その間にミントを散らす（**H**）。端からラップごと持ち上げて巻く（**I**）。ラップで包み、冷蔵室で30分以上冷やし、好みの厚さに切って器に盛り、柑橘ピールとミントを飾る。

※天板が2枚ないときは、2重にしたオーブンペーパーの下に厚紙を入れて下火の当たりをやわらげるとよい。
※柑橘は好みのもので。

柑橘ピール　作り方

柑橘の皮を包丁やピーラーで薄くそぎ、千切りにする。さっとゆでてざるにあげ、ボウルに入れる。熱いうちにはちみつを全体にまとうくらい加え、あえる。

A
B
C
D
E
F
G
H
I

ココアと米粉のロールケーキ

米粉スイーツ　グルテンフリー

ココアと米粉で生地が十分しっとりするので、油分を入れずに焼き上げます。
果物を巻き込むと糖質の量は増えますが、生クリームの量と甘みが抑えられ、自然な甘さが楽しめます。

材料（25×29cmの天板1枚分）

［別立てスポンジシート］
- 卵黄……3個分
- メープルシロップ……30g
- 卵白……3個分
- てんさい糖（ビート糖／メレンゲ用）……50g
- 米粉……30g
- ココア……10g

生クリーム（乳脂肪分35～36％のもの）……200㎖
メープルシロップ……20g
ココア……10g
バナナ……1・1/2～2本

準備

・天板を2枚重ね、オーブンペーパー（またはわら半紙）を2重にして四隅に4cmの切り込みを入れ、敷き込む（p.67のA参照）。
・オーブンを190度に予熱する。

作り方

1　ボウルにメープルシロップ20gとココア10gを入れ、小さな泡立て器でしっかりと練り混ぜる。生クリームを少しずつ加えて混ぜ（A）、冷蔵室で冷やす。

2　スポンジシートはp.66の作り方1～5を参照して作る。ただし、卵黄にはメープルシロップ30gを加え、米油は加えない。ココアは米粉と一緒にふるい入れる（B）。190度のオーブンで12分焼いて冷ます。

3　1をとり出し、ボウルの底を氷水に当てながらハンドミキサーの中速で泡立て、10分立て（角がしっかりと立つくらい・C）にする。

4　スポンジに3をパレットナイフで均一にぬる（D）。バナナはカーブのところでカットし、まっすぐになるように1列に並べる（E）。

5　端からラップごと持ち上げて巻く。ラップで包み、冷蔵室で30分以上冷やし、好みの厚さに切って器に盛る。

A　B

C

D

E

3
ひんやり
スイーツ

「甘酒は飲む点滴」と耳にするようになってずいぶん経ちました。ここ数年、「米麹（甘麹）で作る甘酒は飲みやすくて体にもいいよ」との声を耳にして、手にとって飲んでみたらなんておいしい！　甘酒には自然な甘さととろみがあるので、砂糖の量を減らせて乳製品とも合わせやすく、お菓子の材料として幅広く使えます。特にアイスなどの冷菓とは相性がいいので、ぜひ試してほしいです。この章では、甘酒の他にも、寒天、ゼラチン、ヨーグルト、豆乳、野菜や糖質低めの果物など、体にやさしい素材を使った口当たりのいいデザートをいろいろ紹介しています。身近な材料で気軽に作れるのに、外ではなかなか出会えない、味わい豊かなひんやりスイーツです。

コーヒーカスタードプリン

豆乳スイーツ　乳製品不使用

豆乳で作るプリンは、まわりにすが入りやすいですが、切り分けると中は驚くほどなめらか。
コーヒーをできるだけ濃いめに淹れると風味が出ておいしい。

材料（11×17×深さ6cmの容器1台分）

［キャラメルソース］
- てんさい糖（ビート糖）……30g
- 熱湯……小さじ5

卵……3個

［コーヒー液］
- コーヒー豆（挽いたもの）……20g
- 熱湯……約100mℓ
- てんさい糖（ビート糖）……60g

豆乳（成分無調整）……300mℓ

準備

- 卵と豆乳を室温に戻す。
- 容器に米油（分量外）を薄くぬる。
- オーブンを150度に予熱する。
- 湯せん用の湯を沸かす。

作り方

1 キャラメルソースを作る。鍋にてんさい糖30gと熱湯小さじ2を入れ、ふたをして弱火にかける。てんさい糖が溶けて色づき始めたらふたをとり、鍋を揺する。全体が茶色くなったら火を止め、湯小さじ3を1杯ずつそっと加え（**A**）、全体をなじませる。ゴムべら（耐熱のもの）で鍋の底をこそぐようにして混ぜ、容器に流し入れる（**B**）。

2 コーヒー液を作る。ドリッパーにペーパーフィルターを敷いて容器にのせ、コーヒー豆を入れる。熱湯を一滴一滴ゆっくりと落としながら、濃いめにコーヒーを淹れる（**C**）。60mℓ計量し、てんさい糖60gを加え、混ぜて溶かす。

3 ボウルに卵を割り入れ、泡立て器でほぐす。**2**のコーヒー液、豆乳の順に加え（**D**）、そのつど混ぜる。

4 **1**に**3**を万能こし器でこしながら入れ（**E**）、天板にのせたバットにのせる。バットに湯を深さ2cmほど注ぎ（p.51の**I**参照）、150度のオーブンで20〜25分焼く。

5 焼き上がったら網の上にのせて冷まし、粗熱がとれたらラップをかけて冷蔵室でしっかりと冷やす。フライパンに湯をはり、容器の底を当てて温める。皿を当てて逆さにし、容器からはずして切り分ける。

※好みで泡立てた生クリームを添えてもおいしい。

A

B

C

D

E

レモンのプリン

レモンスイーツ

国産レモンをたっぷり使って、レモンの風味をしっかり生地に加えました。
甘酸っぱいさわやかな味わいは、キャラメルソースがなくても物足りなさを感じません。

材料（直径6cmのプリン型6個分）

卵……3個
卵黄……1個分
てんさい糖（ビート糖）……30g
牛乳……400mℓ
レモン（国産のもの）……1個
てんさい糖（ビート糖）……30g

- 生クリーム……50mℓ
- プレーンヨーグルト……50g
- てんさい糖（ビート糖）……小さじ1/2

準備

［前日］

- ドリッパーにペーパーフィルター（なければざるにキッチンペーパー）を敷いて容器にのせ、ヨーグルトを入れて冷蔵室で一晩おき、50gが25gになるまで水切りする（p.51の**A**参照）。

［当日］

- 卵と牛乳を室温に戻す。
- 型にバター（分量外）を薄くぬり、バットに並べる。
- レモンはよく洗って水気をふきとり、表面の皮をすりおろし、てんさい糖30gに加える。
- オーブンを140度に予熱する。
- 湯せん用の湯を沸かす。

作り方

1 ボウルに卵を割り入れ、卵黄とてんさい糖30gを加え、泡立て器で混ぜる（**A**）。

2 鍋に牛乳を入れ、皮をすりおろしたレモンの白いわた部分をピーラーでそいで加える（**B**）。てんさい糖とレモンの皮を合わせたものを加える。

3 **2**を中火にかけ、ゴムべら（耐熱のもの）で混ぜながら沸騰しない程度に温め、火からおろす。

4 **1**に**3**を万能こし器でこしながら入れ（**C**）、泡立て器で混ぜる。再びこしながら計量カップに入れ、型に注ぎ入れる（**D**）。

5 天板にのせ、バットに湯を深さ2cmほど注ぎ（p.51の**I**参照）、140度のオーブンで20分焼く。焼き上がったら網の上にのせて冷まし、粗熱がとれたらラップをかけて冷蔵室でしっかりと冷やす。

6 **2**で残ったレモンは薄い輪切りにし（**E**）、てんさい糖小さじ1（分量外）をかけて冷蔵室で冷やす（飾り用）。

7 ボウルに生クリーム、水切りしたヨーグルト（固形分だけ）、てんさい糖小さじ1/2を入れ、ボウルの底を氷水に当てながらハンドミキサーの中速で泡立て、8分立て（すくったときに角がおじぎするくらい）にする。星口金をつけた絞り袋に入れ、プリンの上に絞り、**6**のレモンの輪切りを飾る。

A

B

C

D

E

かぼちゃのミルクゼリー

野菜スイーツ

食物繊維、ビタミン、カリウムなど栄養価の高いかぼちゃを使ったヘルシーデザート。
ゼラチンで冷やし固めていますが、口の中でとろける味わいはまるでプリンのようです。

材料（60㎖の容器7個分）

かぼちゃ……約1/4個
水……250㎖
バニラビーンズ……2cm
てんさい糖（ビート糖）……30g
［粉ゼラチン……5g
［水……大さじ1
牛乳……150㎖
生クリーム……適宜

作り方

1 かぼちゃは種とわたをとり除き、2cm角に切って皮をむく。120g計量し、鍋に入れて水250㎖を加える。

2 バニラビーンズはさやに切り込みを入れて種をしごき出し、種とさやを**1**に加える。てんさい糖を加えて中火にかけ、かぼちゃがやわらかくなるまで10～15分煮る（**A**）。

3 小さな容器に水大さじ1を入れ、ゼラチンをふり入れてふやかす。

4 **2**からバニラのさやをとり除き、温かいうちにブレンダー（またはミキサー）にかけてピュレ状にし、300g計量し（足りなければ水を足し、80度になるまで温める）、鍋に戻す。

5 **4**に**3**を加え（**B**）、ゴムべらで混ぜる。ゼラチンが溶けたら、鍋底を冷水に当てて混ぜながら冷やす（**C**）。粗熱がとれたら、牛乳を加えて混ぜる（**D**）。

6 容器に入れ（**E**）、冷蔵室に3時間以上入れて冷やし固める。好みで泡立てた生クリームを添える。

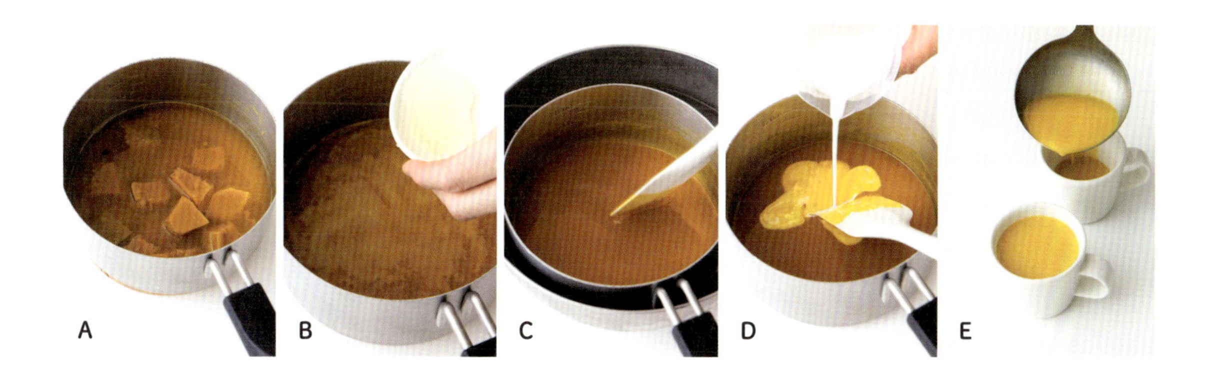

杏仁豆腐

甘酒スイーツ　寒天スイーツ

やさしい甘さは、たっぷりの甘酒と少しのてんさい糖のおかげ。
ナイフが入るギリギリのかたさに固めて、つるんと喉ごしよく仕上げました。

材料（底の直径6cmの器4個分）

水……120mℓ
粉寒天……小さじ1/2（1g）
てんさい糖（ビート糖）……20g
甘酒（米麹タイプ）……200g
牛乳……100mℓ
アーモンドエッセンス……少々
※アマレットでもOK。
［シロップ］
水……100mℓ
てんさい糖（ビート糖）……10g
アーモンドエッセンス……少々
季節の果物（ここでは桃とさくらんぼ）……適量

準備

・甘酒をブレンダー（またはミキサー）にかけ、なめらかにする。

作り方

1 鍋に水120mℓを入れて粉寒天をふり入れ、小さな泡立て器で混ぜながら中火にかける。沸騰したら弱火にし、混ぜながら2分煮る（A）。

2 火を止め、てんさい糖20gを加える。再び中火にかけて沸騰させ、てんさい糖を混ぜて溶かし、火からおろす。

3 甘酒と牛乳を加え（B・C）、混ぜる。アーモンドエッセンスを加えて混ぜる。

4 器に入れ（D）、粗熱がとれたら冷蔵室に3時間以上入れて冷やし固める。

5 シロップを作る。鍋に水100mℓとてんさい糖10gを入れて中火にかけ、沸騰したら火を止める。小さな泡立て器で混ぜて溶かし、アーモンドエッセンスを加える。粗熱がとれたら容器に移し、冷蔵室に入れて冷やす。

6 器と寒天の間にパレットナイフを差し込んですき間を作り、皿を当てて逆さにして型からそっとはずす。包丁でひし形に切り込みを入れ（E）、シロップをかけて果物を添える。

A

B

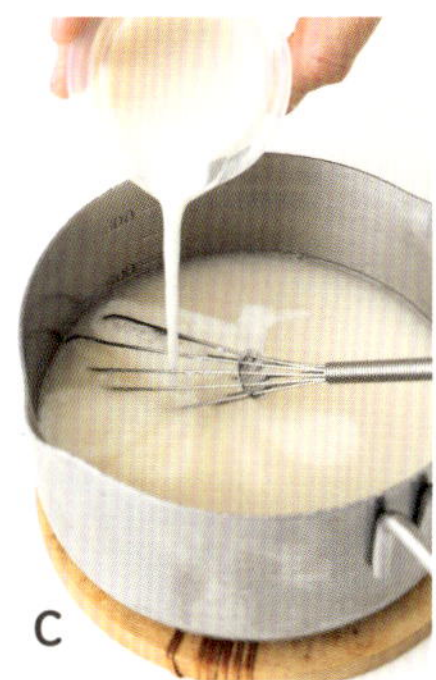
C

D

E

グレープフルーツの寒天

寒天スイーツ　砂糖不使用

さっぱりフルーツの代表、グレープフルーツを
ローフ型の寒天に仕立てました。
しっかり固めてカットすれば、透明感のある見た目も涼やか。
季節の果物でいろいろ試してみて。

材料（18×8×深さ6cmのパウンド型1台分）

グレープフルーツ……1個（正味250g）
はちみつ……40g
水……380mℓ
粉寒天……小さじ1（2g）
オレンジリキュール……小さじ1
飾り用のハーブ（ディルやミントなど）……適宜

作り方

1　グレープフルーツは皮をむき、薄皮もむいて種をとり除く。果肉をボウルに入れ、フォークでほぐし、はちみつを加えて混ぜる（**A**）。

2　鍋に水を入れて粉寒天をふり入れ（**B**）、小さな泡立て器で混ぜながら中火にかける。沸騰したら弱火にし、混ぜながら2分煮る（**C**）。

3　火からおろし、**1**を果汁ごと加えてゴムべらで混ぜる（**D**）。オレンジリキュールを加えて混ぜる。

4　型に入れ（**E**）、粗熱がとれたら冷蔵室に3時間以上入れて冷やし固める。

5　型と寒天の間にパレットナイフを差し込んですき間を作り、皿を当てて逆さにして型からそっとはずす。好みでハーブを飾る。

※パウンド型はステンレス製を使用。

ふるふる寒天キウイソース

寒天スイーツ

ゆるく固めたふるふるの寒天に果物のソースをかけます。
整腸作用がある寒天とビタミン豊富なキウイの組み合わせがヘルシー。夏のおやつや食後のデザートに。

材料（3〜4人分）

水 …… 400mℓ
粉寒天 …… 小さじ1/2（1g）
てんさい糖（ビート糖）…… 30g
オレンジリキュール（**A**）…… 小さじ2
※好みのリキュールで。入れなくてもOK。
［キウイソース］
キウイ（熟したもの）…… 1個（正味50g）
てんさい糖（ビート糖）…… 20g
水 …… 20mℓ
飾り用のミント …… 適量

作り方

1 鍋に水400mℓを入れて粉寒天をふり入れ、小さな泡立て器で混ぜながら中火にかける。沸騰したら弱火にし、混ぜながら2分煮る。

2 火を止め、てんさい糖30gとリキュールを加える（**B**）。再び中火にかけて沸騰させ、てんさい糖を混ぜて溶かし、火からおろす。

3 容器に流し入れ（**C**）、粗熱がとれたら冷蔵室に入れて3時間以上冷やし固める。

4 キウイソースを作る。キウイは皮をむいてすりおろし（**D**）、ボウルに入れる。てんさい糖20gと水20mℓを加え、小さな泡立て器で混ぜ（**E**）、冷蔵室で冷やす。

5 **3**をスプーンですくって器に盛り、**4**をかける。ミントを飾る。

※キウイの他、いちごやスイカをすりおろしてソースにしてもおいしい。

A B C D E

レモンと甘酒のムース

甘酒スイーツ　レモンスイーツ

レモンの甘酸っぱさと甘酒のやさしい甘み。
夏でも冬でもおいしい、まろやかで口当たりのよいデザート菓子です。

材料（約5人分）

水……大さじ2
粉ゼラチン……5g
水……大さじ1
てんさい糖（ビート糖）……60g
レモン（国産のもの）……1個
甘酒（米麹タイプ）……200g
生クリーム……120mℓ
飾り用のレモンの皮……1/2個分

準備

・レモンはよく洗って水気をふきとり、表面の皮をすりおろす。果汁を搾って大さじ2を計量しておく。

作り方

1 小さな容器に水大さじ1を入れ、ゼラチンをふり入れてふやかす（A）。

2 鍋に水大さじ2を入れ、弱火にかける。沸騰したら火からおろし、**1**を加えてゴムべらで混ぜる。ゼラチンが溶けたら、てんさい糖を加えて混ぜて溶かす。

3 レモン汁大さじ2を加える。甘酒を万能こし器でこしながら入れ（B）、混ぜる。

4 レモンの皮を加え（C）、鍋底を氷水に当てて混ぜながら冷やす（D）。

5 ボウルに生クリームを入れ、ボウルの底を氷水に当てながらハンドミキサーの中速で泡立て、8分立て（すくったときに角(つの)がおじぎするくらい）にする。

6 **4**に**5**を半量加えて泡立て器で混ぜたら（E）、ボウルに戻し入れてゴムべらで混ぜる。

7 容器に入れ、冷蔵室に入れて3時間以上冷やす。レモンの皮をピーラーで細くそぎ、上に飾る。

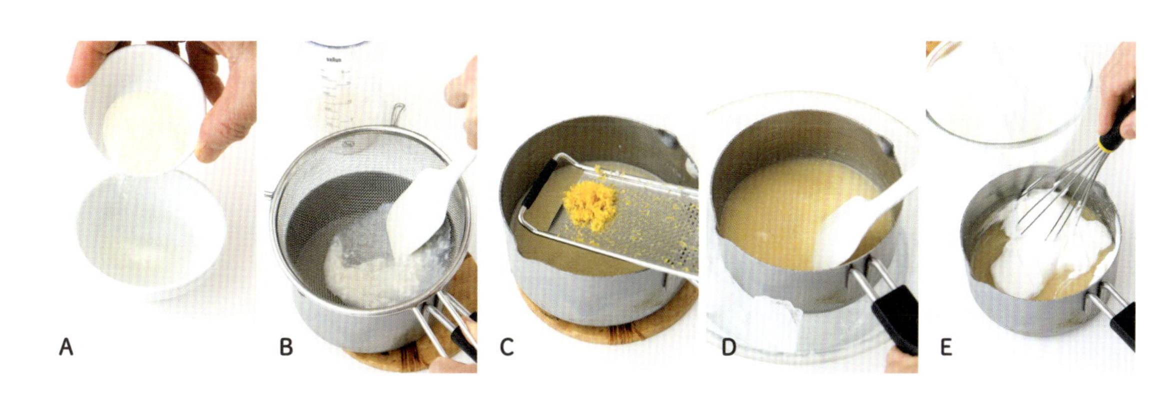
A　B　C　D　E

甘酒アイス・コーヒーフロート&バナナパフェ

甘酒スイーツ　卵・砂糖不使用

甘酒とメープルシロップ、やさしい甘さの二つが混ざり合うことでよりおいしくなります。
材料も作る工程もシンプルなので、冷凍室にストックしていろいろ楽しみたい。

材料（約4～5人分）

甘酒（米麹タイプ）……300g
メープルシロップ……40g
※てんさい糖またはきび砂糖30gでもOK。
生クリーム……150mℓ

コーヒーフロート

アイスコーヒーと氷をグラスに入れ、甘酒アイスをディッシャーですくってのせる。

バナナパフェ

バナナを7㎜厚さの輪切りにする。甘酒アイスをディッシャーですくって器に盛りつけ、バナナをのせて、クッキー（p.16のもの）を砕いて散らす。

作り方

1 大きめのボウルに甘酒を入れてメープルシロップを加え（A）、泡立て器で混ぜる。ラップをかけて冷凍室に入れて凍らせる。

2 別のボウルに生クリームを入れ、ボウルの底を氷水に当てながらハンドミキサーの中速で泡立て、8分立て（すくったときに角がおじぎするくらい）にする。

3 1をとり出し、包丁で1㎝角に切る（B）。ボウルに戻し、ハンドミキサーの低速で混ぜてほぐす（C）。

4 2を加えてハンドミキサーの低速で混ぜ（D・E）、冷凍室に入れて固める。

※そのままはもちろん、コーヒーフロート（濃いめのアイスティーでも）やパフェにして食べるのもおすすめ。

A　B　C　D　E

甘酒いちごマーブルアイス

甘酒スイーツ　卵不使用

そのままでもおいしい甘酒アイスにいちごソースを加えたら、やみつきになるおいしさ。
いちごの季節にソースを作って冷凍しておけば、一年中楽しめます。

材料（約4～5人分）

甘酒（米麹タイプ）……300g
てんさい糖（ビート糖）……30g
生クリーム……150mℓ
［いちごソース］
- いちご……正味100g
- てんさい糖（ビート糖）……30g
- レモン汁……小さじ1

作り方

1 大きめのボウルに甘酒を入れててんさい糖を加え（**A**）、泡立て器で混ぜる。ラップをかけて冷凍室に入れて凍らせる。

2 別のボウルに生クリームを入れ、ボウルの底を氷水に当てながらハンドミキサーの中速で泡立て、8分立て（すくったときに角がおじぎするくらい）にする。

3 **1**をとり出し、包丁で1cm角に切る。ボウルに戻し、ハンドミキサーの低速で混ぜてほぐす。

4 **2**を加えてハンドミキサーの低速で混ぜ、冷凍室に入れて固める（**B**）。

5 いちごソースを作る。いちごは洗って水気をきり、へたをとる。鍋に入れ、泡立て器でよくつぶす（**C**）。てんさい糖を加えて中火にかけ、ゴムべら（耐熱のもの）で混ぜながら5分ほど煮詰める（**D**）。火からおろしてレモン汁を加え、粗熱がとれたら冷蔵室に入れて冷やす。

6 **4**に**5**を加え、スプーンでさっと混ぜる（**E**）。冷凍室に入れて冷やし固める。ディッシャーなどですくって器に盛りつける。

※甘酒アイスの作り方はp.87参照。

A　B

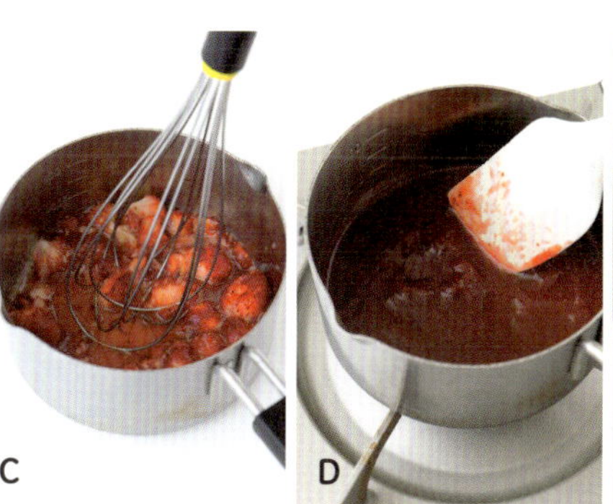
C　D

E

ヨーグルトアイスバー

甘酒スイーツ

甘酒やヨーグルトが余ったときによく作るアイスバー。
甘酒効果でカチカチには凍らず、さっぱりと食べられます。好みのジャムで味を変化させるのも楽しい。

材料(80mlの容器6本分)

プレーンヨーグルト……250g
甘酒(米麹タイプ)……150g
てんさい糖(ビート糖)……30g
好みのジャム(ここではブルーベリージャム)……20g
※ジャムは1本につき10gが目安。

ブルーベリージャム(作りやすい分量)

ブルーベリー……正味50g
てんさい糖(ビート糖)……15g
レモン汁……少々

耐熱ボウルにブルーベリー、てんさい糖、レモン汁を入れ、ラップをふんわりとかけて(E)、600Wの電子レンジで1〜2分加熱して混ぜる。

作り方

1 ボウルにヨーグルト、甘酒、てんさい糖を入れ(A)、泡立て器でよく混ぜる。

2 計量カップに移し、アイスの容器に4本分注ぎ入れる(B)。残りにジャムを加えてスプーンで混ぜ(C・D)、容器2本に注ぐ。キャンディー棒をさす。

3 冷凍室に入れて冷やし固める。

4 ボウルにぬるま湯を入れ、容器をさっと浸して型からはずす。

※専用の容器がない場合は、プリン型に入れてキャンディー棒をさしても。
※キャンディー棒は製菓材料店や100円ショップで手に入る。
※ジャムはいちごやあんずなどでもおいしい。ブルーベリージャムを手作りする場合は、左記を参照。

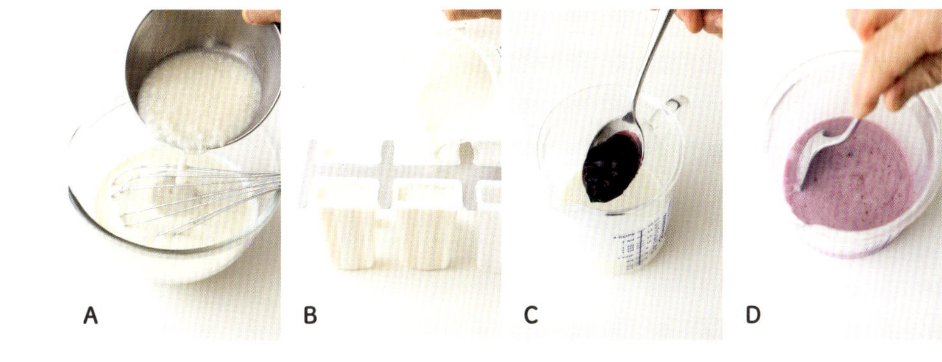
A B C D

E

道具について

お菓子作りに必要な道具を紹介します。

A **泡立て器** 長さ25cmくらいのものの他、少量を混ぜるときに小さな泡立て器もあると便利です。

B **ゴムべら** 生地を混ぜるときだけでなく、鍋でも使える耐熱性のものがおすすめ。

C **ゼスター** レモンやオレンジの皮をすりおろすときに使います。なければおろし金で。

D **カード** 生地を切り分けるときやスポンジシート生地を平らにするときに使います。

E **めん棒とのし台** めん棒は長さ45cmくらいのものが使いやすいです。のし台は丸でも四角でも。

F **刷毛** スポンジにシロップをぬったり、ケーキの表面にレモン汁などをぬるときに。

G **パレットナイフ** スポンジにクリームをぬるときなどに使います。長さ25cmくらいのものを。

H **計量スプーン** 大さじ1＝15mℓ、小さじ1＝5mℓ。すり切りではかります。小さじ1/2もあると便利。

I **はかり** デジタルスケールで、1g単位ではかれるものを用意します。

J **計量カップ** 一つ用意するなら、容量200〜250mℓくらいのものを。

K **ボウルと万能こし器** ボウルはステンレス製の他、耐熱ボウルもあると便利。万能こし器は粉をふるうときに。

L **ハンドミキサー** 卵や生クリームを泡立てるときやメレンゲを作るときに使います。

M **ブレンダー** 果物などをピュレ状にするときに使います。ミキサーやフードプロセッサーでもOK。

型について

この本で使用した主な型と容器です。

A　直径15㎝丸型　底のとれるタイプの丸型。アルミ製またはアルミをメッキしてあるものがおすすめ。

B　直径18㎝丸型　底のとれるタイプの丸型。丸型は15㎝と18㎝の2サイズがあると便利です。

C　直径17㎝のシフォン型　シフォン型を一つ持つなら、直径17㎝のアルミ製がおすすめ。

D　パウンド型　18×8×深さ6㎝のステンレス製。「グレープフルーツの寒天」で使用します。

E　プリン型　直径6㎝、深さ5.5㎝のアルミ製。複数用意します。

F　マフィン型　直径7.5㎝、深さ4㎝のアルミ製。型に合う紙のマフィンカップも用意して。

G　ココット　直径8㎝、深さ5㎝の陶器製。オーブンで使用できる耐熱性のものを。

H　ホーロー容器　11×17×深さ6㎝のもの。「コーヒーカスタードプリン」で使用します。

お菓子作りの準備

スムーズに作るために、事前に材料を計量して道具を用意しておきます。

◎材料を計量する

お菓子作りは材料をきちんと計量することが大切です。小さな容器やプリンやマフィンの型などを利用して、あらかじめすべての材料を計量しておきます。室温に戻す材料がある場合は、早めに冷蔵室から出しておきましょう。

◎道具を用意する

レシピに目を通して、泡立て器、ゴムべら、万能こし器など、使用する道具を用意しておきましょう。この他に、必要な大きさのボウルも出しておきます。泡立て器やゴムべらはバットにのせておくと、作業中にボウルからはずして一旦置くときに便利です。

素材別インデックス

この本で紹介したお菓子を体にやさしい素材ごとにまとめました。

米粉（グルテンフリー）

米粉（小麦粉も使用）

全粒粉

豆乳

おから・豆腐

オートミール

甘酒

寒天

野菜

レモン

ブックデザイン
渡部浩美

撮影
公文美和

調理アシスタント
黒田由香

編集
小出かがり

編集デスク
森 香織（朝日新聞出版 生活・文化編集部）

お菓子・スタイリング
本間節子（ほんませつこ）

お菓子研究家、日本茶インストラクター。
自宅で少人数のお菓子教室「atelier h（アトリエ エイチ）」を主宰。
季節感と素材の味をいかした、
毎日食べても体にやさしいお菓子を提案している。
お菓子に合う飲み物、お茶にも造詣が深い。
雑誌や書籍でのレシピ提案の他、
日本茶イベントや講習会など幅広く活動している。

著書に
『ほうじ茶のお菓子』
『お菓子をつくる 季節を楽しむ82レシピ』
『やわらかとろける いとしのゼリー』
『atelier h 季節の果物とケーキ』（以上主婦の友社）、
『日本茶のさわやかスイーツ』
『あたらしくておいしい日本茶レシピ』（ともに世界文化社）
『はじめての手作りお菓子』（成美堂出版）
他、多数。

https://atelierh.jp
Instagram　@hommatelierh

体（からだ）にやさしいお菓子（かし）

著　者　本間節子
発行者　片桐圭子
発行所　朝日新聞出版
〒104-8011　東京都中央区築地5-3-2
（お問い合わせ）infojitsuyo@asahi.com
印刷所　株式会社シナノグラフィックス

Published in Japan by Asahi Shimbun Publications Inc.
ISBN 978-4-02-333416-8

定価はカバーに表示してあります。
落丁・乱丁の場合は弊社業務部（☎03-5540-7800）へご連絡ください。
送料弊社負担にてお取り替えいたします。